Mes jolies fées

AUZOU

Illustration de couverture : Mellie Théis

Direction générale : Gauthier Auzou
Responsable éditoriale : Maya Saenz
Conception et création graphique : Annaïs Tassone
Directeur fabrication : Jean-Christophe Collett
Fabrication : Amandine Durel

Dépôt légal : octobre 2012
ISBN : 978-2-7338-2170-1
Réf. : C12872B

Imprimé en Chine

Mes jolies fées

AUZOU

Sommaire

La Fée Urgania

Hansel et Gretel avancent sur le chemin, têtes baissées sur les cailloux qui parsèment le sol.
« Je ne vois plus rien, pleurniche Gretel.
– Es-tu sûre que nous les avons jetés ici ?
– Comment savoir ? Je ne vois rien nulle part et c'est le troisième chemin que nous explorons. »

Et des chemins dans la forêt, il y en a plusieurs.
Alors comment s'y retrouver ?
« Papa va s'inquiéter, se désole encore Gretel.
— Ne dis pas n'importe quoi, s'emporte Hansel, tu n'as donc pas compris que notre père nous a laissés là, au beau milieu de la forêt dans le but de nous perdre ? »

Mais à peine a-t-il prononcé ces mots qu'une jeune femme, d'une beauté saisissante, apparaît devant eux. Elle a de longs cheveux noirs et porte une robe faite de voiles blancs qui volent autour d'elle.
« Qu'est-ce que j'entends ? demande-t-elle d'une voix douce. Vous êtes perdus ? »
D'un bond, Hansel se poste devant sa sœur pour la protéger.
« Qui êtes-vous ? questionne-t-il, méfiant.
— Je suis la fée Urgania. »
Urgania est la fée protectrice des enfants, celle qui les guide sur le droit chemin.

Gretel la regarde, éberluée. Mais Hansel n'est pas impressionné.
« En fait, j'ai semé des morceaux de pain derrière nous, mais les oiseaux ne se sont pas gênés pour tout picorer sur notre passage !
– Que faites-vous là ? » insiste la fée.

Et alors qu'elle s'approche lentement d'eux, un doux sourire sur les lèvres, les enfants remarquent que deux grandes ailes fines et soyeuses ornent son dos. Elle marche pieds nus sur ces chemins caillouteux, mais ils ont plutôt la sensation qu'elle flotte, aérienne.
« Notre père nous a laissés ici, ose timidement Gretel.
– Nous sommes trop pauvres, en vérité, et notre mère est morte l'année dernière. Notre père s'est remarié, mais le peu d'argent que nous avons ne suffit plus à nourrir tout le monde. Son épouse ne nous aime pas... Et je suis sûr qu'elle lui a demandé de se débarrasser de nous... »
Urgania écoute, attentive.

« J'ai faim ! murmure Gretel, mais le seul morceau de pain que nous avions a servi pour repérer la route. »

Gretel aperçoit une maison faite en sucreries et gâteaux. Elle se précipite pour croquer un morceau de pain d'épice qui orne les cloisons.

« Attends, c'est dangereux ! » s'exclame Urgania.

Hansel lui jette un regard éperdu et court après sa sœur, il ne veut pas la laisser seule.

C'est alors qu'une affreuse femme sort de la maison.

« Oh, les pauvres petits. Vous êtes affamés ! Entrez donc, je vais vous donner à manger.

– Trop tard, la sorcière va les emporter », murmure Urgania, effondrée.

Mais hors de question pour la fée de les laisser ainsi. Elle se transforme soudain en un tourbillon blanc et entre dans la maison. Elle enveloppe les deux enfants, que la sorcière s'apprêtait à enfermer dans une pièce noire, et les emporte par une fenêtre restée ouverte. Et Gretel a juste le temps d'arracher un sucre d'orge accroché au volet...

La Fée Clochette

Il était une fois une merveilleuse petite fée, espiègle et joyeuse, que l'on nommait Clochette. Elle était née du sourire d'un nouveau-né, et son rire tintinnabulait, léger et cristallin, comme autant de minuscules cloches annonçant le printemps.
Vêtue d'une simple feuille d'érable vert pré, élégamment taillée sur mesure, la fée Clochette était si petite et menue que le vent aurait pu l'emporter au gré de ses humeurs changeantes. Bien que délicates et finement ciselées, ses merveilleuses ailes bleutées la portent où bon lui semble, bien au-delà du Pays imaginaire qui l'a vue naître.
Le soir, accoudée à la fenêtre de sa maison toute faite de brindilles et de fleurs, Clochette se perdait à contempler le ciel étoilé et à rêver de l'autre monde, celui de ces grandes créatures toujours pressées que sont les humains. Généreuse et mutine, cette ravissante petite fée n'avait toutefois pas froid aux yeux et, un soir, prenant son courage à deux mains, elle prit son envol et vola jusqu'aux étoiles.

Les nuages la portèrent loin, très loin...
De l'autre côté du miroir.
Et c'est ainsi qu'un matin d'hiver frais et brumeux, la fée Clochette découvrit la mystérieuse et inquiétante Londres. Dans cette ville l'attendaient, sans le savoir, trois enfants, Wendy, Michel et Peter, pour vivre de merveilleuses aventures que l'Écossais James Matthews Barrie immortalisa dans son célèbre roman, *Peter Pan*.

Les Muses

Il était une fois, dans un vieux grenier sale et humide, un jeune homme au teint pâle affairé à noircir frénétiquement les pages blanches d'un livre. Ses mains fines et tachées d'encre, bien mal réchauffées par de vieilles mitaines de laine, étaient crispées sur sa plume d'oie, à la recherche de mots et de vers qui ne venaient pas.

La faible lumière de l'unique bougie éclairait à peine son doux visage malheureux. Au comble du désarroi, il déchira la feuille de papier sur laquelle il travaillait, en fit une boule et la jeta, furieux, au travers de la pièce. Puis il se laissa aller contre le dossier de sa chaise et se prit le visage dans les mains.

Depuis plusieurs jours, l'inspiration avait abandonné le jeune poète... Sa muse l'avait quitté.

Belles, diaphanes et gracieuses, les Muses soufflent les mots magiques, effleurent de leurs longues chevelures de soie ceux qui laissent courir leurs plumes passionnées sur le papier froissé.

Déesses de la mémoire et du souvenir, les neuf Muses, sources de bonheur et de sagesse, chantent et charment le monde.

Nées en Piérie, non loin du mont Olympe, elles illuminent les lettres des amoureux transis, exaltent les écrits des écrivains passionnés, et enchantent les contes de fées de Charles Perrault et des frères Grimm. Mais ce soir-là, dans la chambre de bonne de cet immeuble délabré, le jeune poète est seul. Nul ne saurait dire quand sa muse, espiègle et lunatique, refera son apparition. Mais, soyez-en sûr, elle reviendra. Pour qui sait attendre, pour qui sait écouter la petite voix susurrée par la belle et lumineuse créature, elle reviendra.

Yuki-Onna,
fée de la Neige

Mosaku marchait courageusement sur la route, portant un maigre baluchon sur le dos. C'étaient là toutes ses affaires, tout ce qui lui restait ? Ça ne pesait pas lourd. Ses souliers étaient élimés et ses vêtements ne suffisaient pas à le protéger du froid.

Mosaku avait faim. Dans son sac, il restait quelques onigiri, mais le jeune garçon savait qu'il devait penser à sa survie et consommer avec raison ces boules de riz farcies.

Sur cette longue route de Hiyama, Mosaku espérait croiser une maison, un lieu pour se reposer, mais tout était désert, et la tempête de neige ne facilitait ni ses recherches ni ses déplacements.

La nuit tombait, il grelottait. Mosaku était un Aïnou et sa carrure affirmée inquiétait les gens. Il avait la peau claire et ses yeux ne s'étiraient pas en amande sur le bord. C'était certainement pour cette raison qu'Ikuma, le chef pêcheur, avait décidé de lui donner congé. Mosaku n'avait plus de travail et il lui fallait rentrer chez lui. La route était longue. Et il avait bien honte. Il aurait aimé trouvé un autre emploi. Il se disait qu'à Kaminokuni il trouverait peut-être. On lui avait parlé d'une pénurie de pêcheurs là-bas. Mais qui voudrait embaucher un Aïnou ?

Soudain, Mosaku sentit un souffle froid sur sa nuque et remonta le col de sa veste légère. Mais, à nouveau, le souffle lui fouetta la tête et, quand il leva les yeux, il aperçut une femme aux cheveux longs, simplement vêtue d'un kimono blanc.
« Qui... Qui es-tu ? » bredouilla-t-il.
Mais la femme ne lui répondit pas. Elle le fixait d'un regard terrifiant.

Immobile, Mosaku tremblait et souhaitait se remettre en marche. Mais il n'arrivait pas à détacher ses yeux de cette femme étrange. Elle était très belle, il s'en rendait compte, sa peau était si blanche, presque transparente. Elle ne semblait pas craindre le froid malgré son vêtement unique.
« Que me veux-tu ? » insista Mosaku.
Pour toute réponse, elle lui tendit la main. Une longue main qui ne semblait traversée d'aucune veine, une main à la peau blanche et fine. Docilement, sans même comprendre pourquoi il agissait ainsi, Mosaku prit cette main et avança derrière Yuki-Onna, la fée de la Neige. Il remarqua qu'elle ne laissa aucune empreinte sur son sillage, comme si ses pas étaient immédiatement effacés.

Mosaku était intrigué mais, plus encore, il était subjugué. Il ne savait pas pourquoi, mais il se disait qu'en la suivant il allait avoir un endroit chaud où se poser et un bon repas. Des images lui venaient en tête, de plus en plus nombreuses. Il accéléra sa marche, il trébuchait dans les crevasses laissées par les bourrasques de neige, mais il ne sentait plus fatigué et son baluchon lui semblait si léger.

Et soudain une tornade blanche l'entoura, l'enveloppant complètement.

Il n'eut que le temps d'entendre : « Je veux ta vie ! » avant que son cœur ne cesse de battre.

Personne ne s'inquiéta de la disparition de ce pauvre Aïnou. Mais Yuki-Onna avait attiré un nouvel homme pour lui voler son âme. Comme elle le faisait depuis des siècles.

La Fée Viviane

Il était une fois une superbe fée nommée Viviane. Elle naquit dans un magnifique château, à l'orée de la forêt de Brocéliande. Son enfance reste mystérieuse, mais nous savons qu'elle grandit parmi les nombreuses créatures qui peuplaient cette forêt magique. Elle devint une très belle jeune fille, insouciante et pleine de vie, qui aimait par-dessus tout se baigner dans les eaux fraîches et profondes des lacs de Brocéliande.
Un jour, alors qu'elle contemplait, rêveuse, la surface lisse de l'un d'entre eux, elle fit la connaissance d'un étrange personnage qui se nommait Merlin. Il tomba tout de suite sous le charme de la ravissante fée. Afin de la séduire, il lança quelques enchantements, mais la jeune fille n'y fut pas sensible. Merlin décida donc de faire apparaître un somptueux château de cristal au fond du lac et de le lui offrir. Cela impressionna vivement Viviane, qui devint la dame du Lac. Au fil du temps, Merlin vint de plus en plus souvent rendre visite à la belle fée et, pour qu'elle le gardât dans son cœur, lui apprit de nombreux sortilèges. Bientôt, Viviane en sut presque autant que l'enchanteur. Le temps passait. Merlin et la fée ne pouvaient s'aimer qu'au gré des rares visites du magicien.
Lassée de ne pas l'avoir pour elle toute seule, un jour, alors qu'il s'était assoupi au pied d'un arbre, Viviane fit neuf cercles magiques autour de l'homme qu'elle aimait, l'emprisonnant à jamais auprès d'elle. Par amour pour sa bien-aimée, il avait accepté, quelque temps auparavant, de lui enseigner cet enchantement, sachant, bien sûr, quel usage elle en ferait. Peut-être était-il las du monde des hommes et souhaitait-il, enfin, retourner dans le monde des fées... Même au prix de sa liberté.

Les Pillywiggings

Eléa a grimpé dans la branche la plus solide du grand chêne qui trône dans le jardin derrière la maison.
« Pourquoi je la laisse toujours m'embêter sans réagir ? »
Eléa vient de se disputer avec sa grande sœur. Et, comme à chaque fois, elle n'a pas réussi à la faire taire et elle est venue calmer sa colère dans l'arbre qui est devenu son confident.
Assise sur la branche, les jambes se balançant dans le vide, Eléa joue avec des jolis papillons qui tournent autour d'elle. Ils ont des ailes magnifiques et ont l'air de danser dans le vent.
« Bonjour, s'amuse-t-elle. Comme vous êtes beaux !
– Bonjour Eléa ! »
Un des papillons se rapproche d'elle alors qu'Eléa se cramponne pour ne pas tomber de la branche.
Quand il est tout près d'elle, Eléa se rend compte que ce n'est pas un papillon, mais un minuscule être ailé chevauchant une abeille.
« Tu... Tu parles ? »
Autour de la fée, d'autres, identiques, se sont groupées. Elles observent Eléa avec des murmures joyeux. Soudain, elles s'écartent pour laisser passer une chauve-souris portant sur son dos une autre petite fée ailée, avec sur sa tête une couronne de campanules.
« Bonjour Eléa, je suis Ariel, la reine de Pillywiggings.
– Des quoi ? »
Ariel sourit.
« Des Pillywiggings.
– Et vous êtes qui ?

– Chut ! » répond Ariel en faisant un clin d'œil.
Et avant qu'Eléa ne pose une nouvelle question, la reine des Pillywiggings agite l'index et de la poudre nacrée s'élève en une fine tornade.
Eléa se retrouve sur le dos d'une abeille, elle est aussi petite qu'Ariel et ses amies fées.
« Viens », murmure Ariel.
Et la fillette se laisse transporter par l'insecte volant. Ariel lui fait découvrir les fleurs du jardin, le pistil et les étamines, la corolle et le calice. Elle lui montre la beauté et la fragilité de ces plantes : les boutons d'or et les violettes, les capucines et les coquelicots.

Avec les petites fées Pillywiggings, Eléa volette dans les arbres, croise de jolies coccinelles et des libellules aux ailes bleutées.
« Comme c'est beau, pense Eléa, et dire que je n'ai jamais fait attention à ce monde qui m'entoure. »
Sa dispute avec sa grande sœur lui semble loin et son cœur est léger, aussi léger que les pétales de ces jolies fleurs.
« Quand tu te sens triste, chuchote Ariel, prends le temps de t'émerveiller de toute cette beauté qui vit près de toi. »
Elle fait tournoyer son index une seconde fois et Eléa est à nouveau assise sur la branche du chêne derrière la maison.
« Tiens ! »
Ariel lui remet une magnifique couronne de fleurs tressées qu'Eléa glisse à son doigt.
« Porte cette bague et tu verras que tu ne seras plus jamais malheureuse. »
Et avant qu'Eléa ne puisse la remercier, Ariel et les fées Pillywiggings disparaissent.
Eléa descend rapidement de sa cachette et se dirige joyeuse vers la maison. Et si elle allait jouer avec sa sœur ?

La Fée Titania

Il était une fois Titania, la reine des Fées, qui régnait sur le Pays féerique, havre de paix pour ses sujets, les fées et le petit peuple.

Ce fut Shakespeare, célèbre auteur anglais de pièces de théâtre, qui, dans *Songe d'une nuit d'été*, mit Titania et son époux, le roi Obéron, sur le devant de la scène.

Ce dernier, que le destin avait doté de tous les atouts, beauté, gaieté, tolérance et sens artistique, n'avait qu'un défaut : sa taille. Jalouse, une sorcière lui avait jeté un sort à la naissance : Obéron ne dépasserait jamais la taille d'un petit enfant... Exclu du monde des hommes, il trouva la porte vers le monde des fées et épousa leur reine, Titania.

La nuit, le roi et la reine prenaient leur envol et allaient danser sur les terres nordiques et celtiques, apportant la magie des fées sur ces terres anciennes.

Titania avait adopté deux enfants humains et les entourait de beaucoup d'amour et de soins. Mais son attachement tournait à l'obsession et la reine finissait même par tenir son époux à distance des enfants.

Fort peiné, le roi Obéron décida de donner une leçon à son épouse. S'ensuivirent nombre de péripéties, où humains, faunes, dieu à tête d'âne et fées de toutes sortes participèrent à une charmante et ravissante histoire, pleine de rebondissements.

Mais, après toutes ces intrigues, la reine Titania se rendit compte, enfin, que le roi Obéron, lui aussi, aimait ses deux enfants et qu'il était égoïste de vouloir les garder pour elle toute seule.

Ainsi, elle accepta de partager l'éducation de ses petits humains avec son époux, et ils vécurent heureux, ensemble...